häppchen für alle

für meine wundervolle Frau Marita, deren Kochkunst jedes der hier vorgestellten Häppchen in den Schatten stellt

Bernd Ulrich Biere

häppchen für alle

die neue Häppchen-Kultur

mykum

Bibliographische Information der Deutschen Nationalbibliothek

Die Deutsche Nationalbibliothek verzeichnet diese Publikation in der Deutschen Nationalbibliographie; detaillierte bibliographische Daten sind im Internet über http://dnb.dnb.de abrufbar.

Auf der Bornau 29
D-56321 Brey

Druck und Endverarbeitung:
Books on Demand (BoD), 22848 Norderstedt

Printed in Germany

ISBN 978-3-9818173-3-1

Inhalt

Häppchen oder was?

Irgendwann haben wir die *Häppchen* erfunden. In Spanien als *tapas* in jeder Bar, die etwas auf sich hält, zelebriert, als *fast*- und *fingerfood* ebenso tendenziell diskriminiert wie *fish and chips*, die wir als Delikatesse auf dem *Borough Market* in London im Stehen genießen, bevor wir uns in der *Wine Bar* gleich nebenan einen Chardonnay für stolze 8 Pound als ‚Nachtisch' gönnen, gleichwohl nach drei Tagen London immer noch unfähig, ein *Ale* von einem *Porter* oder einem *Lager* zu unterscheiden, was mir fast noch schwieriger erscheint, als mich im Irish Pub zwischen *Guinness* und *Kilkenny* entscheiden zu müssen. Nun – da haben wir unser *Schwarzbier*, wie etwa das *Köstritzer* und wenn es nicht gerade *Malz* sein soll, dunkelt meine Frau das *Helle* gern etwas nach und bestellt *ein Schuss*.

Pardon, wir wollen an dieser Stelle gar nicht von Biersorten reden, auch wenn unsere Herkunft aus dem Sauerland uns eher zu Bier- als zu Weinkennern zu prädestinieren scheint; wir wollen allerdings auch nicht über Wein im Allgemeinen oder den *Bopparder Hamm* und unser *Breyer Hämmchen* im Besonderen reden, denn es geht bei dem, was wir unvorgreiflich *Häppchen* genannt haben, natürlich eher ums Essen als ums Trinken!

Allerdings nicht ums ‚Große Fressen', nicht um ‚Happen', die mit Messer und Gabel in kleinere Häppchen erst noch zerteilt werden müssten, sondern um die kleinere mundgerechte Variante, die wir auf Deutsch *Häppchen* nennen könnten, und die wir aus unseren Spanien-Urlauben als *tapas* kennen.

Tapas – also dem Wortsinn nach das, was auf eine *tapa,* auf einen Bierdeckel, passt, mit dem der spanische Wirt Ihr Weinglas gegen unerwünschte Eindringlinge schützt, ist nicht unbedingt etwas, was man beim Kellner bestellen muss, sondern etwas, das auf der (mehr oder weniger langen) Theke in einer

Tapas-Bar bereitsteht oder wenn es etwas Neues, in der Küche frisch Kreiertes gibt, auf einem Tablett in der Bar herumgetragen, gezeigt und von den Gästen spontan gegriffen wird: So zumindest kennen wir es aus den Tapas-Bars in Madrid und Barcelona.

Wieviel man für all diese kleinen Köstlichkeiten letztendlich bezahlt, entscheidet die Zahl der kleinen oder größeren Holzspießchen (*pinchos*), die an der Kasse als Verzehr abgerechnet werden, soweit keine größeren Portionen (eine ganze, *racion* oder halbe, *media racion)* hinzugekommen sind.

Ob das, was wir *Häppchen* nennen möchten, auch nur im Entferntesten etwas mit dem zu tun hat, was die Spanier *tapas* nennen, sei dahingestellt. Ob unsere hier zu literarischen Ehren gebrachte *Häppchen*-Kultur, wenn sie denn überhaupt existiert, mit einer originär spanischen *tapas*-Kultur tatsächlich vergleichbar ist, mögen kulinarisch Kompetentere beurteilen.

In unsere zu entwerfende Häppchen-Kultur sollten wir allerdings die *tapas*-Kultur auf jeden Fall zu integrieren versuchen. Schließlich ist unser Begriff des *Häppchens* nichts anderes als der Versuch, den spanischen Begriff der *tapas* ins Deutsche zu übertragen.

Was also dürfen Sie von diesem Häppchen-Büchlein erwarten?

Zunächst einmal ist es in Häppchen lesbar und, so hoffen wir, leichter genießbar, indem Sie sich einzelnen Kapiteln oder Rezepten über das Register oder das Inhaltsverzeichnis gezielt zuwenden können, ohne dieses seltsame Häppchen-Buch Seite für Seite von Anfang bis Ende durchlesen zu müssen. Sie können sich aber auch dem Erzählfluss des Verfassers anvertrauen und den manchmal verschlungenen Wegen folgen, auf dem sich die einzelnen

Häppchen-Rezepte aneinanderreihen, ohne dass wir uns einer allzu stringenten Systematik verpflichtet fühlen.

Es ist wie im Leben: Manchmal begegnen sich zwei Flüsse, vereinen sich zu einem Strom, ohne dass wir wissen, wo sie herkommen und wo sie letztlich hinfließen werden. Die Allgegenwart des Paradoxen findet sich vielleicht auch in einem Kochen, das keines sein soll, wenn wir *Häppchen* nur ‚zubereiten', wenn sich dann bei aller kalten Küche doch einmal ein heißes Pfännchen einschleicht, auch wenn wir darin nur unsere ‚Datteln in Speck' oder ‚Maultaschen' bräunen lassen.

Wir leben im *Oberen Mittelrheintal* in einem UNESCO-Weltkulturerbe, wohin wir nach unseren Urlauben in südlicheren Ländern immer wieder gern zurückkehren, um dem Land ein wenig von der hier gelegentlich vermissten Sonne mitzubringen, die schließlich doch, wie Rainer Maria Rilke wusste, die „letzte Süße" in den Wein treibt, während das für einen guten Wein ebenso notwendige Wasser im Rheinischen Schiefer seinen idealen Speicher findet.

Als wir heute – am letzten Januar-Tag 2017 – wieder einmal unseren Wein bei einem Winzer im benachbarten Boppard eingekauft haben, fand es die Winzerin wohl angemessen, uns den neuen Wein, den 2016-Jahrgang, anzukündigen, der ein leichter Wein sei, oder um die Feinheiten der Weinansprache auszuloten: *„sehr filgran"*. Wir sind gespannt, wie er zu dem einen oder anderen Häppchen passen wird, das wir Ihnen hier vorstellen wollen.

Jenseits aller Systematik

Was es so alles an Häppchen gibt, ist schwer zu sortieren, und manchmal – so einfach die Herstellung der meisten Häppchen auch sein mag – auch schwer zu kategorisieren. Man mag an Fisch- oder Fleischhäppchen oder an vegetarische oder gar vegane Häppchen denken, vielleicht mag man auch kleine kreative Salate und eine Honig-Senf-Vinaigrette hinzurechnen und manchmal darf es vielleicht auch ein kleines warmes Gericht oder ein Süppchen sein.

'*Small is beautiful*' heißt die Devise für eine bunte Vielfalt all jener Kleinigkeiten oder *Petitessen,* die gerade ein wenig mehr sind als die *amuses geule,* jene *Gaumenschmeichler,* die immer öfter als 'Gruß aus der Küche' serviert werden, bevor die Gläser schon halb leer und weitere Häppchen noch nicht in Reichweite sind.

Viele unserer Häppchen-Rezepte stammen aus unseren kleinen 'Sommerküche', wenn man lieber draußen und leicht essen und das Eisbein, den Sauerbraten oder die Kohlrouladen eher für winterlichere Tage aufheben möchte.

Ob Sommer oder Winter, auf jeden Fall soll unsere neudeutsche '*Häppchen*-Kultur' in einem europäischen, vielleicht sogar internationalen Kontext ihren Platz finden: Zwischen italienischen Antipasti, französischen *amuses gueule,* spanischen Tapas, griechischen Meze und amerikanisch-neudeutschem finger- und street food.

Klein und leicht

Insbesondere, wenn wir bei den Häppchen eher an kalte als an warme Köstlichkeiten denken dürften, scheint für deren Herstellung der Ausdruck *kochen* vielleicht zu hoch gegriffen. Was also machen wir, wenn wir *Häppchen* ‚herstellen'? Sagen wir – auch das klingt ja einigermaßen professionell: Wir ‚bereiten Häppchen zu'. Und wenn Sie die ‚Rezepte' kreativ variieren, wozu wir ausdrücklich anregen möchten, dann ‚kreieren' Sie neue oder gar völlig neuartige Häppchen und tragen damit bei zu einer weiteren Entwicklung jener Häppchen-Kultur, die wir hiermit ins Leben rufen, propagieren und weiter entwickeln möchten: als Gegengewicht zu einer Pommes-, Pizza- oder Bratwurst-Kultur, zu den eher magenschweren, fettigen und salzigen Gerichten einer sich ausbreitenden populären Fresskultur.

Die *„Leichtigkeit des Seins"* (M. Kundera) wird auf diese Weise keine magen-unverträgliche sein, sondern tatsächlich eine, die uns leicht macht, weil wir weniger, aber nicht weniger lecker essen: Nicht um abzunehmen, wie wir es permanent, doch meistens ohne große Erfolge versuchen, sondern um tatsächlich die ‚Leichtigkeit des Seins' als durchaus ‚erträgliche' zu erleben und zu genießen mithilfe einer deutschen Variante der spanischen *Tapas-* oder der italienischen *Antipasti*-Kultur: Mit einer neuen *Häppchen*-Kultur, von Fall zu Fall geschmackvoll abzuwandeln mit den Vinaigrette-Rezepten, die Ruth Breuer von der Historischen Senfmühle in Monschau (Eifel) freundlicherweise beigesteuert hat.

Lassen Sie uns also gemeinsam eintreten in eine *Häppchen*-Kultur, die nicht spitzenkochmäßig hoch hinaus will, sondern eine schlichte, wenn man so will, bescheidene, aber ,machbare' Ernährung und Gästebewirtung vorstellt, die gerade für die Sommertage uns eine Leichtigkeit bewahren oder auch erst erlangen lässt, wie wir sie uns doch immer gewünscht haben. Freilich dürfen wir bei unseren kleinen Häppchen-Vorschlägen nicht erwarten, dass große Grillplatten auf den Tisch kommen, auch wenn wir so etwas natürlich auch ab und zu brauchen. Oder vielleicht doch nicht?

Wir wollen uns in diesem kleinen Häppchen-Büchlein von den allerkleinsten Köstlichkeiten wie den *amuses gueule* zu größeren Häppchen bewegen, zu denen auch kleine Salate, Dressings und schließlich ein paar Vinaigretten gehören können, scheuen uns dann aber auch nicht, Ihnen zum Abschluss noch einige wenige Vorschläge für relativ einfache Menus zu machen, die meine Frau Marita zubereitet hat, während ich die kulinarisch eindrucksvollen Bezeichnungen der einzelnen Gänge erfunden und in einer Menu-Karte für den Tisch fixiert habe.

Häppchen-Vielfalt

Unsere *Häppchen* kennen, wie gesagt, keine Grenzen. Sie machen Anleihen bei der erwähnten spanischen *Tapas*- und der italienischen *Antipasti*-Kultur, beziehen auch griechische Kleinigkeiten mit ein, und begeben sich gelegentlich auch einmal in den Bereich regionaler Spezialitäten aus Deutschland, wie wir sie in größerem Umfang beispielsweise in den *„Mosel TAPAS“* finden, die Maria Gietzen 2015 in einem Büchlein im Leinpfad Verlag zusammengestellt hat oder auch in anderen Büchern, die dort unlängst erschienen sind, wie z.B. die „Rheingau Tapas“ oder die „Rheinhessen Tapas“. Schließlich findet sich das eine oder andere Häppchen, das irgendwann einmal in unserer eigenen Küche kreiert worden ist.

Wir wollen die Art der vorgestellten Häppchen auch nicht auf vegetarische oder gar vegane Varianten reduzieren, sondern bleiben offen für Fleisch, Fisch und Käse, weil man sonst irgendwann gar nichts mehr essen kann, ohne dass das ökologische Gewissen aufbegehrt. Unsere wesentliche Maxime sollte allerdings, der Diminuitivform ‚Häpp-*chen*' entsprechend, immer sein: *Wenig ist mehr - small is beautiful*.

Verbote und andere ideologisch motivierte Koch- bzw. Essregeln mögen andere aufstellen, w i r möchten Ihnen eine möglichst große Vielfalt von Möglichkeiten vorstellen, diverse Kleinigkeiten zuzubereiten, weil es unsere Überzeugung ist, dass es bei aller Einfachheit unserer Vorschläge insbesondere das *Prinzip der Vielfalt* ist, welches das Moment der Lust am Genuss in unsere manchmal vielleicht doch etwas eintönig gewordenen Essgewohnheiten wieder hineinzutragen vermag.

Bratwurst hin, Bratwurst her, wenn Sie unstillbare Lust verspüren, beim nächsten Weinfest eine solche zu essen (ich würde Ihnen allerdings eher ein genial gewürztes *Winzer-* oder *Holzfällersteak* empfehlen), dann sollten Sie das tun! Wie gesagt, nicht jeden Tag, sondern ab und zu.

Ich bin überzeugt, dass ein (einmaliger) ‚ungesunder' Genuss allemal ‚gesünder' ist, als ein frustrierend-zehrender Verzicht, der sich mit seinem bohrenden *‚Ich darf nicht'* in all unsere Organe hineinfrisst. Morgen können wir immer noch auf irgendetwas verzichten, im festen Glauben, dass uns das frei und stark macht. Machen wir es uns vielleicht eher zu einer ‚Maxime', uns möglichst gesund zu ernähren, und nicht zu einer (tendenziell ungesunden) ‚Ideologie'.

Bleiben Sie also bei allem, was wir Ihnen ‚aufschwätzen' wollen, gelassen und entspannt! Sie können immer noch tun und lassen, was

Sie wollen. Das kann auch mein 10-jähriger Enkel in Berlin, wenn sein Opa zu Besuch ist: Es stellt sich dann, wie etwa im Sommer 2016 beim Tag der Offenen Tür im Kanzleramt, weniger die Frage, ob wir die Bratwurst mit Senf oder Ketchup nehmen, sondern eher die, ob wir uns eine oder zwei Bratwürste (wenn möglich in verschiedenen Varianten) genehmigen. Selbstredend hat sich der Opa vorbildhaft für einen *Caesar-Salat mit Putenbrust-Streifen* entschieden.

Die ‚Streifen' hatten es mir angetan. Weil ich bei einem vietnamesischen Essen im Prenzlauer Berg doch nicht ganz auf Fleisch verzichten wollte, habe ich den warmen Nudelsalat mit einer Garnitur von dünnen Rindfleischstreifen bestellt, die allerdings den etwas seifigen Geschmack von frischem Koriander, wie er mich schon vor Jahrzehnten in China immer wieder irritiert hatte, nicht ganz verbergen konnten.

Wenig ist mehr

Nun gut: Unsere *Häppchen* müssen, wie gesagt, nicht vegetarisch oder vegan sein, es gibt zur Genüge solche, die ihre Fleisch- oder Fischanteile durchaus nicht verbergen müssen. Bleiben wir also *offen!* Lediglich einem Prinzip sollten sich unsere Häppchen stets verpflichtet fühlen: *un pocco* oder gar *un poquito:* ‚wenig, ein ganz klein wenig'. Und eben dieses Wenige könnte in vielerlei Hinsicht durchaus mehr sein.

Im Geschmack wird sich letztendlich zeigen, ob unsere Maxime *‚small is beautiful'* [= Buchtitel 1973 von E. F. Schumacher; britischer Wirtschaftswissenschaftler] mit halbwegs professioneller Kochkunst mithalten kann: Kann ‚wenig' wirklich ‚mehr' sein? Wir werden sehen, *on verra*, wie der Franzose sagt. Sie, verehrte Leserinnen und Leser, werden es auch sehen, wenn Sie unsere Vorschläge, jenseits von Lafer, Lichter und Co., einfach einmal ausprobieren!

Und wenn Sie sich eigentlich wieder einmal von Lafers Spitzengastronomie in Stromberg oder von Sarah Wieners Spitzenküche im Hamburger Bahnhof in Berlin verführen lassen möchten, aber keinen Tisch mehr bekommen, dann verkürzen Sie sich die Wartezeit bis zum nächsten Mal einfach mit ein paar selbst zubereiteten appetitlichen Häppchen.

Wir haben im letzten Urlaub an der Algarve dem Besuch bei einem österreichischen Spitzenkoch in der ‚Villa Joya' auch widerstanden (wohl nicht zuletzt angesichts der Preise, die uns tatsächlich ein wenig überhöht erschienen) und uns, irgendwie authentischer, wie wir fanden, mit Thunfischsalat und *lenguado* in einer Strandbar begnügt.

Versuchen Sie es also einfach mal, nur' *Häppchen* zuzubereiten, auch wenn es einem doch immer wieder schwerzufallen scheint, dem vorab von den Gästen regelmäßig erteilten

Ratschlag zu folgen: *„Macht Euch nicht so viel Arbeit.“*

Für alle, die dies in Zukunft tatsächlich einmal versuchen möchten, kann unsere neue *Häppchen*-Kultur mit den wenigen ‚Rezepten‘ dieses kleinen Büchleins vielleicht die eine oder andere willkommene Anregung geben.

In der Regel sind alle Häppchen relativ einfach und schnell zuzubereiten, selbst wenn dabei unsere Küche nicht immer kalt bleibt. Dies gilt auch dann, wenn es nach der Zubereitung unserer ‚Kleinigkeiten' in *unserer* Küche manchmal so aussieht, als hätte ich mich an einem Fünf-Gänge-Menu abgearbeitet. Inzwischen habe ich aber von meiner Frau gelernt, dass man zwischendurch bzw. ‚während der Arbeit‘ nicht nur nach Art Alfred Bioleks ein Gläschen Wein genießen darf, sondern auch schon einmal die Küchenabfälle beiseiteschaffen kann.

Bruschetta oder ‚Schnittchen'?

Unserer neu zu kreierende und zu propagierenden Häppchen-Kultur mangelt es an vielem: an Systematik, an Konsistenz, an Strenge, an kulinarischer Feinheit etc., etc. Jenseits solcher Ansprüche stellt sich freilich die Frage, die sich nicht nur dem Koch, sondern erst recht demjenigen stellt, der über das Kochen oder über irgendetwas anderes schreiben will, was ihn bewegt und was er eben deshalb für etwas Mitteilenswertes hält, die Frage des Anfangs (oder des Anfangens?).

Während Faust auf der Suche nach einer angemessenen Übersetzung des Schöpfungsanfangs jenes lingophile *‚Im Anfang war das Wort'* schließlich verwirft und *‚die Tat'* an den Anfang der Schöpfungsgeschichte stellt, fallen wir als Schreiber zwangsläufig immer wieder hinter die Tat zurück: Entweder sie ist schon geschehen: Wir haben bereits gekocht, bevor wir über das Kochen schreiben oder die Tat folgt nach: Wir schreiben bzw. lesen, um im Anschluss daran etwas Entsprechendes kochen bzw. zubereiten zu können. Aber eigentlich tun wir doch beides: Der oder die eine kocht und schreibt, der oder die andere schreibt und kocht.

Wer das Schreiben, das Wort, an den Anfang stellt, berichtet allerdings nicht unbedingt und erst recht nicht ausschließlich über eigene Taten und deren Ergebnisse, sondern über vieles, was andere vor ihm durch ihre Taten Großartiges hervorgebracht haben – und seien es nur winzige Häppchen in der Geschichte der Kulinarik.

Mit einer solchen winzigen Errungenschaft der *italienischen* Küche wollen wir beginnen: mit der *Bruschetta.* Und was die deutsche Küche wohl eher in Anlehnung an die französischen *Canapés* (dt. auch *Kanapee*) als an die italienische *Bruschetta* seit den 60-er Nachkriegs-Partyjahren hervorgebracht hat, schließt sich dann zwanglos an: die *Schnittchen*, die zumindest was die Verkleinerungsform (-*chen*) angeht, in einer ursprünglichen Nachbarschaft zu unseren *Häppchen* angesiedelt sein dürften.

Wie ich kürzlich irgendwo in einem Supermarkt gelesen habe, heißen unsere Schnittchen jetzt wohl etwas schicker ‚*Partybrote*', aber in einem Café in Boppard stehen tatsächlich immer noch „*Schnittchen*" auf der Speisekarte.

Aber beginnen wir mit der *Bruschetta* (ital. Aussprache: *brus-ketta*; nicht: **bru-schetta*), (ital. Plural: *bruschette*)

Meine Frau ist heute Abend Kegeln. Sollte mich während dessen eher der kleine als der große Hunger überkommen, neige ich zu einer *Bruschetta*, die nicht nur einfach und schnell zuzubereiten ist, sondern auch Urlaubserinnerungen an wärmere Tage auf Ischia im Golf von Neapel weckt.

Was brauchen wir dazu?

1 oder 2 Brotscheiben (besser und ‚echter': Graubrot anstatt Weißbrot!), die wir in der Pfanne mit ein wenig Olivenöl anrösten.

Währenddessen bereiten wir den Tomatenbelag vor: Wir würfeln 2-3 reife Tomaten und eine Knoblauchzehe, die wir mit den Tomatenwürfeln vermischen. Das Gemisch wird leicht gesalzen und gepfeffert (grob) und mit etwas Olivenöl ‚gefügig gemacht'.

Das wäre schon das Grundrezept, das durchaus für eine ordentliche *Bruschetta* ausreicht: Man nimmt das geröstete Brot aus der Pfanne und verteilt darauf und darum herum das Tomaten-Gemisch: Fertig ist die einfachste Variante der *Bruschetta*! Verfeinern kann man die *Bruschetta* nach Belieben, z.B. indem man die Tomatenwürfel mit gewürfeltem Mozzarella vermischt, indem man die Tomatenwürfel mit Thunfischfilet (aus der Dose) vermischt oder indem man den Belag mit ein wenig Basilikumblättern garniert.

Italienische Bruschetta in St. Angelo (Ischia). Das Häppchen im Hintergrund: *Melone mit Schinken.*

Wie bei den *Bruschetta*-Brotscheiben geht es bei dem, was wir in den frühen 60-er Jahren des 20. Jahrhunderts schlicht ‚*Schnittchen*' (so wie das Kleingebäck *Teilchen*) genannt haben, auch um belegte Brotscheiben. Dabei nimmt man in der Regel allerdings eher Weiß- als Graubrot, aber im Prinzip sind auch Schnittchen durchaus mit Graubrot, Vollkornbrot oder sogar mit Pumpernickel herzustellen.

Man sollte allerdings darauf achten, dass die Schnittchen nicht zu leicht durchweichen, wozu man die Weißbrotscheiben auch leicht anrösten könnte. Dann können sie gut aus der Hand gegessen werden, sind also gewissermaßen die Vorläufer des *fingerfood.*

Mancher denkt jetzt vielleicht an *belegte Brötchen,* was durchaus ja auch eine Art *fingerfood* wäre. Aber ich würde Weißbrot-Scheiben immer den Brötchenhälften vorziehen, weil es viel Kunstfertigkeit verlangt, solche meist zwar weichen, dann aber doch mehr zu zerreißenden als zu zerbeissenden Brötchen so zu verzehren, dass der Belag nicht zur einen Hälfte auf dem Boden und zur anderen Hälfte auf dem Jackett Ihres Gesprächspartners landet.

Je nach Belag gibt es vergleichbare Verzehrprobleme zwar auch bei Schnittchen, aber im

Idealfall sollten sie als mundgerechte Häppchen so ausgelegt sein, dass man sie zur Not mit einem Bissen in den Mund befördern kann. Das muss nicht sein, aber eben ‚zur Not'.

Wir haben unsere Weißbrotschnittchen vorbereitet und leicht gebuttert. Jetzt geht es an den Belag, denn natürlich sind unsere Schnittchen ‚belegt' (im Prinzip wie die ‚belegten Brötchen').

Wir haben die Wahl zwischen Fisch, Wurst und Käse: Der ‚Klassiker' wäre ein Belag mit rohem oder gekochtem Schinken, evtl. auch mit Salami (mit einer Scheibe hart gekochtem Ei oder auch mit ein klein wenig Remoulade, 'dekoriert'). Als Käse-Belage eignet sich ein (reifer) Camembert oder Brie ebenso wie eine Scheibe schlichten Goudas (jung oder mittelalt; wenn Sie ihn in Holland kaufen, nehmen Sie *jong belegen*); natürlich passt genauso gut Leerdamer, Emmentaler oder Tilsiter bis hin zu einem englischen Cheddar, österreichischen

Bergkäse oder spanischen Manchego (aus Schafsmilch!).

Im Grunde ist alles möglich: Selbst Mozzarella, Elsässer Winzerkäse, Chaumes oder Roquefort und selbst Ziegenfrischkäse, wenn Sie es ein wenig ausgefallener mögen, fallen als Käse-schnittchen-Belag angenehm auf.

Und woran denken Sie bei Fisch-Belag?

Der Fisch-Klassiker auf dem Schnittchen ist natürlich der Räucherlachs, auch wieder mit Ei-Dekoration oder auch mit ein oder zwei Zwiebelringen oder mit einem Tupfer Meerrettich bzw. Meerrettich-Sahne. Genauso können Sie als Belag geräuchertes Forellenfilet nehmen, vielleicht auch einmal ein Stückchen Makrele (aus der Dose).

Wenn Sie die eher ‚deutschen' Schnittchen-Varianten ein wenig ‚verfremden' oder auch weiter ‚veredeln' möchten, nehmen Sie beim

Käse vielleicht echten (französischen) Roquefort oder echten (spanischen) Manchego, anstatt steirischem Bergkäse oder deutschem Blauschimmelkäse.

Ein (italienischer) Gorgonzola wäre natürlich auch nicht zu verachten. Einer meiner Söhne hat mir gerade noch seine Empfehlung dazu mitgeteilt: Legen Sie auf das Gorgonzola-Schnittchen noch eine Erdbeere (oder eine halbe). Auch in diesem Fall würde ich die Weißbrotscheibe vorher in der Pfanne ein wenig anrösten.

Beim Wurstbelag können Sie nach Belieben alle europäische Varianten herstellen: So würde ich anstatt Schinkenfleischwurst, Zwiebelmett oder Streichwurst (fein oder grob) beispielsweise einmal eine französische Salami ausprobieren, vielleicht sogar eine Leberpastete (gern mit Pfeffer) und auf jeden Fall einen guten (spanischen oder italienischen) Schinken, also Serrano (*jamón serrano*) bzw. Parmaschinken (*prosciutto di Parma*). Und auch der zurzeit sehr beliebte Südtiroler Speck (*lo speck,* wie die Italiener sagen) ist als ebenfalls italienischer Schinken durchaus empfehlenswert

Auch mit Gemüsebeilagen können Sie durchaus experimentieren: Über Kirschtomaten, eingelegte Spreewaldgurken oder in Scheiben geschnittene Salatgurken hinaus könnten Sie durchaus auch einmal ins Süßsaure hineinarbeiten, den Käse mit Chilipulver bestreuen oder einen Tupfer Feigenkonfitüre oder Honig-Senf dazu geben.

Eine nicht zu übertriebene ‚Dekoration' der Servierplatten mit Salatblättern, Tomätchen und vielleicht ein paar Trauben, weiß oder blau, macht unsere eigentlich ja schlichten Schnittchen für die Gäste noch appetitlicher, und schließlich greifen auch diejenigen gern zu, die ein wenig gezögert haben, Ihr kleines dekoratives ‚Kunstwerk' zu zerpflücken.

Na ja, auch die schönste Torte muss letztendlich angeschnitten werden... Aber jetzt geht es nicht um Torten, auch wenn wir Ihnen später natürlich noch die *Tortillla espagnola* vorstellen werden.

Garnelen-Pfännchen (Gambas al ajillo)

So sieht unser Garnelen-Pfännchen in braun lasierten Tonschälchen auf einem weißen Untersetzteller zuhause aus

Während ich hier sitze und schreibe (anstatt zu kochen), höre und rieche ich, dass in der Küche das Abendessen vorbereitet wird, ganz ohne Kochbuch, aber mit Knoblauch. Natürlich rieche ich gleich, dass es um *Garnelen-Pfännchen* geht, eine spanisch-kanarische Kleinigkeit, die wir im Urlaub auf den Kanaren mindestens einmal ‚brauchen' und die meine Frau Marita zuhause ebenso gern selbst zubereitet.

Auf Fuerteventura haben uns die Garnelen in Knoblauch-Öl besonders gut geschmeckt in der *Cofradía Pescadores* an der Muelle Chico von Corralejo. Die Cofradías sind einfache Bars, die von den örtlichen Fischereigenossenschaften betrieben werden - preiswert und gut, vor allem wenn es um frischen Fisch jeglicher Art geht. Aber auch ein Glas Bier zum Durstlöschen am Mittag können Sie dort für 0,80 - 1,20 € bekommen (zumindest an der Algarve in Portugal).

Wieder zuhause in Deutschland, stellt sich allerdings sofort die Frage, welche Garnelen man eigentlich überhaupt noch unbedenklich essen kann. - Wenn Sie sich Sorgen machen, schauen Sie beim Kauf genau auf die Verpackung: Sie können Crevetten, Shrimps, Eismeergarnelen, Nordseekrabben oder sogar Flusskrebsfleisch nehmen.

Das meiste stammt wohl aus Aquakulturen, vielleicht bekommen Sie aber noch etwas, was wirklich aus dem Meer oder aus Flüssen stammt. Gefischt werden tatsächlich etwa 350 Garnelenarten und auch die Nordseekrabben gehören dazu.

Ich schneide während dieser Überlegungen schon mal von unserer noch kleinen, aber unbedenklichen Peperoni-Pflanze im Garten (im Winter ausgraben, sie verträgt nicht den geringsten Frost!) eine rote Peperoni ab und zerkleinere sie, ebenso wie zwei oder drei geschälte Knoblauchzehen. Den Knoblauch schneide ich lieber in dünne Scheibchen, während ich die Peperoni, nachdem ich die Kerne entfernt habe, in Würfel schneide.

Dann brauche ich nur noch meiner Frau über die Schulter zu schauen, obwohl es ihr in Wirklichkeit lieber ist, wenn ich genau das nicht tue und sie das, was jetzt noch zu tun ist, ganz allein machen kann: Kleingeschnittenen Knoblauch, Peperoni und Garnelen in der Pfanne mit etwas Olivenöl vorsichtig anbraten, leicht salzen und pfeffern, während wir bereits kleine runde Tonpfännchen im Backofen erhitzen.

Wir ergänzen eventuell noch einmal etwas Öl und lassen es gerade so heiß werden, dass die Knoblauchscheiben nicht braun werden.

Entweder geht es nun aus der Pfanne in die heißen Tonschälchen und dann unmittelbar auf den Tisch (Vorsicht, die Schälchen sind jetzt sehr heiß!) oder wir halten unsere Knoblauch-Garnelen noch ein wenig im Backofen warm, überhitzen sie aber nicht, da sonst das Öl zu sehr verdampft. Wie Sie oben bereits gesehen haben, setzen wir die Tonschälchen noch auf einen weißen Teller, was nicht nur farblich frisch aussieht, sondern auch die heißen Schälchen ein wenig auf Distanz hält.

Garnelen-Cocktail in Avocadohälften

Wenn am nächsten Tag noch eine Portion Garnelen im Kühlschrank und die bereits vor einigen Tagen gekaufte Avocado inzwischen gut reif ist, macht meine Frau gern ein Häppchen daraus, zu dem ich nur den Cognac (Weinbrand reicht auch) beisteuern muss:

Etwas Remoulade aus der Tube, ein paar Tropfen frisch gepressten Orangensaft dazu, und das Ganze mit einem Schuss Cognac gut verrührt, ein wenig mit der Gabel geschlagen, die Garnelen untergehoben und (fast) fertig.

Die Avocado teilen wir in zwei Hälften und füllen die Garnelen-Cognac-Creme dort hinein, wo wir den Stein herausgelöst haben. Die Creme ist meistens so reichlich, dass alles förmlich überquillt, aber genau so soll und darf es sein, wenn wir vor dem Füllen jede Avocadohälfte (in der Schale belassen!) auf ein Tellerchen gelegt haben, das zusammen mit einem Teelöffel und etwas nicht zu fein geschnittenem Weißbrot auf den Tisch kommt.

Ein Gläschen herber oder feinherber Weißwein passt gut dazu; es kann ein deutscher oder Elsässer Riesling sein, oder wenn Sie weniger Säure mögen, auch ein Grauburgunder oder ein Pinot grigio: zum Wohl!

Bleiben wir bei den Meeresfrüchten, wechseln aber zu ‚richtigen' Fischen, wenn auch zu den ganz kleinen ‚Fischchen'. So fand ich in einem

Spanisch-Sprachführer tatsächlich den Begriff ‚kleine Fischchen' als vermeintlich passende Übersetzung dessen, was auf Spanisch schlicht *‚Boquerones'* sind. Die ‚klassische' Variante sind wohl die *Boquerones en vinagre!*

Boquerones en vinagre

Wo wir auf der spanischen Speisekarte den Zusatz *‚en vinagre'* (in Essig) finden, geht es nicht um die frittierte Variante, sondern um in Essig (und Öl) eingelegte Boquerones, wie Sie sie auch bei uns fertig in einem guten Supermarkt im Gläschen finden, meistens neben den bekannteren Sardellenfilets, entweder ‚Natur' oder bereits mit Knoblauch und vielleicht Petersilie verfeinert.

Wenn es eine Frisch-Fisch-Abteilung gibt, sollten sie auch dort zu haben sein. Nehmen Sie pro Person nicht mehr als sechs bis acht Stück. Allzu viel kann man davon nicht essen.

Auf den (eher rechteckigen als quadratischen oder runden) Teller passen je nach Größe des Tellers und Appetit der Gäste vielleicht 8-12 Boquerones, die wir relativ dicht nebeneinander gelegt auf dem Teller anrichten.

Dann schälen wir eine etwas größere Knoblauchzehe, die wir in möglichst dünne Scheibchen schneiden und gleichmäßig über die Boquerones verteilen. Mit einem unverzichtbaren Schuss feinen Olivenöls (wir nehmen natürlich nur kaltgepresstes, natives aus der ersten Pressung) runden wir das Ganze ab, ‚überdecken' damit aber auch ein wenig einen eventuell etwas zu strengen oder sauren Geschmack, wobei uns auch die Knoblauchscheibchen helfen.

Wenn Sie noch etwas Farbe und Frische hineinbringen möchten, kann ein wenig frisch gezupfte Petersilie oder auch ein wenig fein gezupfter Blattsalat nicht schaden.

Vor einigen Jahren auf Teneriffa bekamen wir nach einigem Suchen endlich im Hafen des kleinen Städtchens *La Caleta,* am Ende der Promenade von Costa Adeje, meine geliebten *Boquerones*, allerdings in einer Menge (vielleicht an die zwanzig), dass meine Frau mir helfen musste und ich ein zweites Glas Wein brauchte, um damit fertig zu werden.

Boquerones en vinagre, mit dünnen Knoblauchscheiben auf Salat (in einer Strandbar in Los Christianos, Teneriffa)

Auch hier gilt: Im Häppchen-Modus eher etwas weniger als zu viel des Guten: ‚Weniger ist mehr'! - Das gilt übrigens auch für den Essig. So erschienen die Boquerones in Los Christianos (Teneriffa), die Sie auf dem Foto sehen, tatsächlich ein wenig zu säuerlich interpretiert. Sie schwammen regelrecht im Essig, wenn auch zusammen mit feingeschnittenen Salatblattstreifen und einem phantastischen Ausblick über den Strand aufs Meer.

Vielleicht hatte man es hier mit dem ***en** vinagre* etwas zu wörtlich genommen. Meine diplomatische Bemerkung dazu kam in meinem gebrochenen Spanisch aber wohl nicht ganz an: *Más* oder *mucho*? Was heißt bloß *‚zu viel'* auf Spanisch? - Dabei fällt mir aber gerade noch ein eher asiatisches Häppchen ein, das gut in die Garnelen-Reihe passt und eigentlich nur noch auf dem Teller angerichtet werden muss, wenn Sie den Algensalat irgendwo fertig zubereitet bekommen (oft auch dort, wo Sushi frisch gerollt werden als *Wakame*-Salat).

Algensalat mit Garnelen

Wir bekommen den Algensalat fertig an der Fischtheke eines guten Supermarktes auf der anderen Rheinseite, in der Regel mit etwas Sesam geschmacklich verfeinert.

Wir brauchen pro Person nicht mehr als etwa die Menge eines Golfballs. Zuhause lockern wir den Salat mit einer Gabel noch einmal etwas auf und platzieren unser Algenhäppchen in die Mitte eines nicht zu kleinen Tellers.

Auch die Garnelen, am besten eingelegt in Knoblauchöl, haben wir zusammen mit den Algen, aus dem Supermarkt mitgebracht. Falls Sie die Garnelen nicht mariniert bekommen, können sie eine Marinade mit etwas Olivenöl und fein gepresstem oder gehacktem Knoblauch auch leicht selbst herstellen.

Garnelen nehmen wir nur relativ wenige, pro Golfball Algensalat, also pro Person, reichen zwei bis vier Stück, die wir vorsichtig auf unsere Algensalat-Häufchen legen. Wenn wir diese ‚Vorsicht' oder auch die ‚Leichtigkeit' dieses kleinen asiatischen Imbisses auf die Art und Weise des Essens übertragen wollen, können wir durchaus versuchen, dieses Häppchen mit Stäbchen zu essen.

Dies wird auch Ihnen mit etwas Übung genauso schnell gelingen, wie ich Anfang der 90-er Jahre kurz nach meiner Ankunft in China gelernt habe, Erbsen oder auch Spaghetti mithilfe von Stäbchen in den Mund zu befördern (Schlürfen erlaubt!). Schwieriger wird es, wenn die Fleischstückchen zu groß oder zu schwer sind oder wir einen zu körnigen Reis genommen haben, der nicht klebt.

Sollten Ihnen unsere Algen-Garnelen-Häppchen ein wenig ‚zu leicht' sein, können Sie, was soll ich sagen, dazu natürlich auch etwas Alkoholisches trinken: Passend asiatisch wäre vielleicht ein kleines Gläschen Pflaumenwein, Shunji (Orange-Ingwer-Wein) oder Reiswein (Sake). Wer dann noch einen etwas ‚härteren' Abschluss braucht, könnte sich den chinesischen *‚Mao Tai' (Reis-Schnaps)* besorgen, den man eventuell im China- oder Asia-Shop bekommen könnte. Ich habe ihn bisher nur einmal 1991 in Tianjin (China) bei einem ‚Lehrer-Abend' an der dortigen Fremdsprachenhochschule getrunken.

So sieht das Häppchen bei uns auf dem Teller aus. Mehr sollte es nicht sein; Sie können aber durchaus noch ein wenig Ciabatta dazustellen

Vielleicht wäre dazu anstatt Wein oder Tee durchaus auch ein echtes chinesisches Bier (*Tsingtao)* zu empfehlen, das man manchmal sogar schon beim Discounter bekommt.

Weiter im chinesischen Süden, in Wuhan am Yangtse-Fluss, war es, wie man uns dort nicht ohne Stolz erzählt hat, ein bayrischer Braumeister, der den Chinesen das Bier brachte und dafür zum Ehrenbürger der Stadt ernannt wurde.

Probieren Sie das leichte chinesische Bier doch einfach mal, wenn Sie das nächste Mal ‚beim Chinesen' essen gehen (eine echte Alternative zum Jasmin-Tee!).

Wir haben bis jetzt eine ganze Reihe Garnelen-Variationen vorgestellt. Der Klassiker der traditionellen deutschen Küche ist dagegen wohl eher der Räucherlachs, den wir ‚Natur' oder mariniert im Kühlregal finden und mit dem man ebenfalls eine ganze Reihe appetitlicher Häppchen zubereiten kann.

Wir richten den Räucherlachs gern ‚sehr deutsch' an: mit Reibekuchen (*Reibeplätzchen* hieß das bei unseren Eltern im Sauerland) und Meerrettich- oder Preiselbeersahne.

Räucherlachs mit Reibekuchen

Mit Räucherlachs-Scheiben (am besten nehmen Sie einen Bio-Lachs) kann man ohne großen Aufwand schnell appetitliche Häppchen, mit oder auch ohne Brot, zubereiten.

Natürlich sind es, wie so oft, die Kohlenhydrate, die ein wenig stören, wenn wir unsere ‚klassische' Variante mit Kartoffelplätzchen (*Reibekuchen; Reibeplätzchen*) wählen. Ganz schnell ist das auch nicht gemacht, wenn man die Kartoffeln schälen, reiben, mit einem Eigelb verrühren und in der Pfanne ausbacken muss.

Dazu passt es dann wunderbar (auch, wenn man den Lachs ohne Kartoffelplätzchen servieren möchte), wenn wir eine Preiselbeer- oder Meerrettichsahne dazugeben, die man in kleine Schälchen füllen oder gleich mit auf den Teller geben kann.

Wir schlagen einen Becher Sahne steif, ziehen vorsichtig ein bis zwei Esslöffel Preiselbeer-Marmelade unter – und fertig.

Den Meerrettich bekommt man fertig als Sahne-Meerrettich und stellt ihn so auch zu dem Lachs oder man macht es wie bei den Preiselbeeren, schlägt die Sahne steif und rührt den Meerrettich unter, so dass er die Schärfe verliert und dem Lachs eine milde Würze verleiht.

Man kann die Preiselbeersahne durchaus auch zusammen mit der Meerrettichsahne oder einfach als Konfitüre an die Reibeküchlein und den Räucherlachs geben, so wie Sie es hier dem Foto sehen.

Bevor wir den Fisch fürs erste verlassen, wollen wir den Lachs noch um das ebenfalls ‚klassische' Forellenfilet (geräuchert) ergänzen, aus dem meine Frau am liebsten eine *Mousse* bereitet.

Forellen-Mousse

Ähnlich wie mit Lachs kann man auch mit Forellen-Filets (geräuchert; an der Fischtheke oder abgepackt im Kühlregal) eine große Zahl unterschiedlicher Häppchen zubereiten. Eine *Forellen-Mousse* ist aus dem geräucherten Filet relativ unkompliziert herzustellen.

Wir pürieren das Filet in einem relativ engen Gefäß mit dem Pürier- oder Mixstab, geben einen Spritzer Zitrone, etwas fein geschnittenen Dill (auch als Tiefkühlgewürz zu bekommen), eine fein gewürfelte Schalotte und etwas Schmand oder auch Crème fraiche dazu und fertig ist die Mousse, die sich noch mit ein wenig Petersilie garnieren lässt.

Vielleicht sind das nun erst einmal genug *Fisch*-Häppchen, so dass wir uns wieder den eher spanischen Tapas-Variationen zuwenden können.

Einiges bekommt man inzwischen, wenn z.B. ‚spanische Wochen' angesagt sind, schon fertig beim Discounter, allerdings in Folie eingeschweißt (vakuumverpackt), wobei die Verpackung oft appetitlicher aussieht als der Inhalt.

Wenn Sie trotzdem mit solchen Fertig-Tapas beginnen möchten, können Sie diese natürlich gern probieren. Wir meinen allerdings, dass man gut darauf verzichten kann, weil es, wie Sie sehen werden, bei den meisten Häppchen wirklich leicht ist, sie selbst (frisch) herzustellen. Und mehr Spaß macht es natürlich auch...

Nehmen Sie beispielsweise die süß-salzigen *Datteln in Speck:* ein wirklicher Gaumen-Schmeichler!

Datteln in Speck

Es müssen nicht unbedingt Datteln sein, Sie können es genauso gut mit getrockneten Pflaumen versuchen. Es spielt auch keine Rolle, ob Sie die Trockenfrüchte mit Stein oder entsteint nehmen. Die entsteinten sind für den ungetrübten Genuss wohl besser geeignet. Sie bekommen die Früchte in der Regel in aromageschützter Verpackung und nehmen möglichst beste Qualität.

Die Qualitätsfrage lässt sich natürlich auch auf den Speck übertragen: Wenn wir den Begriff des Specks hier nicht ganz wörtlich nehmen, kommen wir wahrscheinlich früher oder später auf die Idee, den spanischen Serrano-Schinken (*jamón serrano* oder sogar *Iberico*) zu verwenden.

Wenn man aber den Schinken sowieso in der Pfanne anbrät, ist mir der Serrano dafür eigentlich zu schade und es reicht durchaus, fein geschnittene Speckstreifen (einfachen Bacon) zu nehmen.

Edler geht es immer: Kürzlich nahm ein Fernsehkoch sogar *Carpaccio*, also hauchdünn geschnittenes Rinderfilet; damit umwickelte er allerdings keine Pflaumen oder Datteln, sondern Garnelen. Auch das sollten Sie vielleicht einmal probieren!

Unsere Datteln in Speck sind hier mit Tiroler Speck umwickelt, dazu habe ich noch ein wenig in Streifen geschnittene Chorizo (Paprikawurst) mit in die Pfanne gegeben

Wir nehmen jetzt einfach die schmalen Bacon-Streifen und umwickeln damit unsere Trockenfrüchte. Wenn es Ihnen mit einem kompletten Baconstreifen zu dick wird, reicht durchaus auch ein halber. Die Streifen schmiegen sich so perfekt an die Datteln, dass Sie in der Regel kein Holzspießchen brauchen, um den Speck zu fixieren.

Wenn Sie mit Ihren Dattel-Speck-Wickeln fertig sind, geben Sie diese in eine Pfanne mit ein wenig Olivenöl; nicht zu viel, denn auch aus dem Speck brät ja auch noch etwas Fett aus. Das Öl sollte relativ heiß sein, damit die Datteln in Speck schön kross werden. - Wenn der Speck nach dem Wenden so viel Farbe hat, als käme er gerade vom Grill, können Sie Ihre Datteln aus der Pfanne holen. Beim Anbraten in der Pfanne hält der Wickel am besten, wenn das Ende der Speckwickel zunächst unten liegt.

Pro Person servieren wir nicht mehr als 5 – 6 Datteln in Speck, denn sie schmecken so delikat, das gerade auch bei diesem Häppchen wieder gilt: ‚*Weniger ist mehr*'. Mehr kann es im Laufe des Abends ja durchaus noch werden, wenn Sie oder Ihre Gäste Lust auf weitere Tapas-Häppchen bekommen, die Sie vielleicht sogar gemeinsam mit den Gästen zubereiten könnten.

In Spanien wird inzwischen oft eine Platte mit einer Tapas-Auswahl (‚*Tapas Variadas*') angeboten. Aber dann steht alles auf einmal auf dem Tisch und Sie haben kein Überraschungsmoment mehr, was wohl als nächstes aus der Küche kommt. Vermutlich ist die *Tapas-Platte* eine eher an Touristen orientierte Variante der Tapas-Kultur.

Oliven, Olivas oder Aceitunas

Wem die Datteln (selbst mit Speck) ein wenig zu süß sind, dem sei ein (fast obligatorisches) Schälchen Oliven angeraten.

Was man an einem Olivenbäumchen an der Algarve (Foto S. 63) schön sieht: Grüne und schwarze Oliven wachsen tatsächlich auf dem gleichen Baum, es sind nur unterschiedliche Reifegrade, von grün bis schwarz.

Sie finden im Supermarkt auch *geschwärzte* Oliven, die mir allerdings meistens nicht schmecken. Wirklich appetitliche schwarze Oliven sind für meinen Geschmack die griechischen *Kalamata Oliven,* die oft auch im Glas angeboten werden – und dies sogar mit Stein.

Grüne und schwarze Oliven wachsen am gleichen Busch, wie hier in einem Garten an der Algarve

Sie müssen inzwischen tatsächlich ein wenig suchen, bis Sie bei einer an sich relativ großen Auswahl an Oliven nicht entsteinte Oliven finden: Es gibt z.B. grüne Oliven mit Stein von Alnatura, aber auch die schwarzen griechischen *Kalamata* sind meistens nicht entsteint.

Auch die griechischen getrockneten Oliven sind oft noch mit Stein, genauso wie auch die kleinen schwarzen Oliven aus Nizza, die man vorzugsweise für die *Salade Nicoise* nimmt.

Bei den grünen Oliven meide ich die allzu großen Riesen-Oliven ebenso wie die fertig eingelegten und gewürzten Oliven.

Da sie in der Regel im Glas in Salzlake angeboten werden, ist es empfehlenswert, sie eine Zeit vorher abzugießen. Wenn Sie möchten, können Sie sie dann gern selbst ein wenig marinieren, z.B. mit Knoblauch-Öl, aber auch mit (frischem) Thymian, mit Frischkäse oder mit fein gehackten Mandeln. Probieren Sie einfach unterschiedliche Gewürze und ihre geschmacklichen Wirkungen aus...

Genauso können Sie es übrigens auch mit Peperoni machen, wenn Sie nicht schon gewürzte Grill-Peperoni im Supermarkt finden. Die eingelegten „mild-pikanten“ sind für meinen Geschmack immer noch scharf genug.

Oliven sind tatsächlich eine ‚klassische‘ Beilage zu Wein, passen aber durchaus auch zu Bier. Wenn Sie sie in Spanien oder auf den Kanaren nicht unaufgefordert zu Ihrer Getränkebestellung hinzu gestellt bekommen, fragen Sie ruhig nach ‚*un poco aceitunas*'.

Ein *Caipirinha* aus Limetten-Stückchen mit Rohrzucker und zerstoßenem Eis, mit einem Schälchen Oliven als ‚Beilage' (an der Algarve)

Obwohl das spanische Wort für Oliven m.E. ‚*aceitunas*' ist, hören Sie auch in Spanien immer öfter ‚*olivas*', was sich wohl als eine Art Internationalismus immer mehr einzubürgern scheint. Mir schien es manchmal wie eine Art Sprach-Koketterie, wenn wir ‚*aceitunas*' bestellten und der Kellner zurückfragte: ‚*olivas*'.

Umgekehrt geht es übrigens genauso: *‚olivas‘* – *‚aceitunas‘*? Oder hatten wir *‚por favor‘* vergessen?

Obwohl wir nur am Rande von Getränken sprechen wollten, sei hier eine Bemerkung zu dem Foto erlaubt: Ein *Caipi* ist kein *Mojito*. Ein Mojito wird von Pfefferminzblättchen dominiert, die im Capi fehlen. Dafür ist zum ‚Alkoholisieren‘ der *Cachaca* (z.B. Pitú do Brasil), evtl. noch mit etwas weißem Rum, unverzichtbar. Mit entsprechender Vorsicht kann der Caipi, wie auf dem Foto, mit einem etwas dickeren Strohhalm getrunken werden.

Thunfischsalat

Wir werden den Fisch nicht so schnell los, aber wir könnten damit durchaus einmal ein Salat-Häppchen zubereiten, wie wir es gern zum Abendbrot machen, wenn wir Lust auf etwas

Herzhaft-Frisches haben. Die Zubereitung ist denkbar einfach:

Wir brauchen lediglich eine Dose mit gutem Thunfisch-Filet (am besten im eigenen Saft, nicht in Öl) und eine kleine Dose Mais. Beides lassen wir gut abtropfen, geben eine kleingehackte Schalotte (vielleicht noch ein klein geschnittenes Gürkchen aus dem Glas) und ein wenig Remoulade aus der Tube dazu und heben alles mit etwas Essig unter.

Ich nehme gern zunächst einen kleinen Schuss Kräuter- oder Weinessig (weißer Balsamico wäre vielleicht noch besser). Damit die Farbe nicht zu dunkel wird, füge ich dann nur noch ein paar Tropfen Balsamico di Modena hinzu und verrühre alles noch einmal mit einem kräftigen Schuss Olivenöl.

Wieviel Öl und wieviel Essig man braucht, muss man ausprobieren. In der richtigen Mischung sollte der Thunfischsalat weder zu sauer sein, noch ölig schmecken.

Aber jetzt drängt es mich, Ihnen endlich den *Griechischen Bauernsalat* zu präsentieren, den man vor allem im Sommer mittags oder auch zum Abendessen mit einem Gläschen Rotwein (vielleicht nehmen wir einen griechischen *Naoussa*) genießen kann.

Auf der folgenden Seite zeigen wir Ihnen im Foto den etwas blassen Thunfischsalat gleich zusammen mit dem Griechischen Bauernsalat, der in der hohen Schüssel allerdings auch ein bisschen verloren wirkt.

Thunfisch-Salat mit Schwarzbrot …

…und ein Griechischer Bauernsalat

Griechischer Bauernsalat

Alles, was Sie an Gemüsen für den Bauernsalat brauchen, bekommen Sie das ganze Jahr über ohne Probleme im Supermarkt. - In jeder Gemüseabteilung finden Sie das ganze Jahr über Paprika, meistens am günstigsten in der Dreier-Mischung rot, grün, gelb. Für unseren Bauernsalat verwenden wir nur die grünen und, wenn Sie möchten, auch die gelben.

Wenn ich mich recht erinnere, nehmen die Griechen wohl nur die grünen, aber auf jeden Fall lassen wir die rote Paprika weg; die können Sie am nächsten Abend in Vierteln oder Achteln auf den Grill legen. Wenn die Haut fast verbrannt, lässt sie sich relativ leicht abziehen und Sie können die Paprika-Stücke mit ein wenig Olivenöl als eine der typisch spanischen Tapas servieren.

Die Gurke, egal ob Sie eine Schlangengurke nehmen oder lieber die kürzeren, etwas dickeren und im Geschmack ein wenig kräftigeren Land- oder Bauerngurken (davon nehme ich zwei!), schneiden wir nicht in dünne Scheiben, wie beim deutschen Gurkensalat, sondern in Viertel oder kleine Würfel, lassen sie dabei aber unbedingt ungeschält.

...mit von der Partie sind als frische Gewürze Thymian, Rosmarin und vor allem Oregano

Die Tomaten (ca. 3-4, je nach Größe) werden ebenfalls in Würfel geschnitten und zusammen mit den Gurken und den nicht zu klein geschnittenen Paprika in der Salatschüssel gut gesalzen (schmecken Sie gut ab, wieviel Salz Sie brauchen, es geht auch ganz ohne!). Ein wenig schwarzer Pfeffer aus der Mühle, nicht zu fein gemahlen, bringt noch etwa Schärfe hinein, die wir aber auch bereits durch die Peperoni erzielen, die man in Stückchen schneiden oder im Ganzen auf den fertigen Bauernsalat legen kann, wie Sie es auf dem Foto auf S. 69 sehen.

Mindestens eine große Zwiebel kommt noch hinzu, ebenfalls nicht zu klein gewürfelt (nicht in Ringen!). Und schließlich brauchen wir noch den typischen Oregano-Duft, wozu ich gern frischen Oregano aus dem Garten hole (2-3 Stängel abschneiden, die Blätter abzupfen, klein hacken und über den Salat geben). Wenn wir keinen frischen Oregano haben, kann man zur Not auch etwas getrockneten und gerebelten Oregano aus der Gewürzmühle nehmen, aber nicht zu viel, denn getrocknet schmeckt er sehr viel kräftiger als der frische Oregano. Sie können evtl. auch noch etwas Thymian dazugeben, aber wirklich nur eine Prise, sonst überdeckt der sehr kräftige Thymiangeschmack alle anderen Gewürze.

Fehlt noch etwas?

Ja natürlich, es fehlt das, was ich in dem Kindersachbuch „OPA PROFF und der kleine Lingo“ (Brey: mykum 2015) auch schon vergessen habe: *Schafskäse*! Sie nehmen am besten original griechischen Schafskäse: Wer eine Abneigung gegen Schaf hat, kann aber auch den Fetakäse aus Kuhmilch nehmen.

Essig und Öl? – Man kann es in der Tat ganz ohne versuchen, aber dann halten viele den Salat für „Grünfutter“. Auf jeden Fall schadet ein kräftiges (vorzugsweise griechisches) natives Olivenöl nicht. Wenn Sie nach unseren Salat-Gewohnheiten noch etwas Essig hinzugeben wollen, nehmen Sie wirklich nur einen kleinen Schuss weißen und vielleicht noch einen kleinen Schuss dunklen Balsamico-Essig, den wir natürlich wie immer vor dem Öl unter den Salat mischen. Ebenfalls *vorher:* Gut salzen und pfeffern!

Den Schafskäse zerbröckeln wir nicht zu klein, heben etwa die Hälfte davon unter und geben die andere Hälfte erst unmittelbar vor dem Servieren auf den Salat. Dann behält der Schafskäse (Feta) seine weiße Farbe und nimmt den dunklen Balsamico nicht zu sehr auf, so dass mit ein paar kleinen schwarzen Oliven und den (grünen!) Peperoni eine wunderbar frische Farbkombination entsteht: rot, grün, weiß und schwarz.

Wechseln wir von unserem griechischen Lieblingsrestaurant in ein italienisches, dann wird dort die *Insalata Caprese* auf der Karte gewiss nicht fehlen. Vielleicht finden Sie diesen ‚Salat' gelegentlich auch unter den italienischen Vorspeisen, den *antipasti*.

Am wörtlichen Sinn von ***anti**-pasti* erkennen Sie die klassischen Gänge eines schlichten italienischen Menüs. Das, was *vor* den Nudeln, den *pasti,* serviert wird, sind die ***anti***-*pasti.* Und erst nach dem obligatorischen Nudelgang (*pasta*) gehört es sich, zu Fleisch oder Fisch, zum Hauptgang, voranzuschreiten. Aber erst einmal zu unserer *Insalata Caprese,* die natürlich weit über Capri hinaus verbreitet ist.

Zitronen, wie hier auf Capri, aber auch auf Ischia, sind im Mai reif für die Ernte. Das entsprechende Getränk: *der Limoncello*

Insalata Caprese

Die *Insalata Caprese* ist wirklich so einfach selbst herzustellen, dass Sie Ihr Augenmerk vor allem auf das Arrangement von Tomaten, Mozzarella und Basilikum auf dem Teller richten können. - Meine Frau nimmt dafür gern ein großes Oliven-Schiffchen, wie Sie es auf dem Foto auf der nächsten Seite sehen:

Was wir an ‚Zutaten' brauchen, ist schon fast alles aufgezählt:

Die *Insalata Caprese* ist eine Kombination von Tomaten, in Scheiben geschnitten, und ebenfalls in (relativ dicke) Scheiben geschnittenem Büffelkäse, dem *Mozzarella (di Buffalo)*. Ein einfacherer und preiswerterer Mozzarella tut es allerdings auch.

Wie auch immer man Tomaten- und Mozzarella-Scheiben auf dem Teller anrichten möchte, das Rot der Tomaten sollte sich mit dem Weiß des Mozzarellas abwechseln. Die Einen legen die Mozzarella-Scheiben eher auf die Tomaten-Scheiben, die Anderen legen sie lieber nebeneinander, am besten leicht überlappend.

Serviert mit etwas Brot und ein paar Peperoni und Oliven an den Enden des Schiffchens

Machen Sie ganz so, wie es Ihnen am besten gefällt.

Essig sollte man eigentlich nicht oder nur ganz wenig dazugeben, sonst bekommen Sie ganz schnell einen ‚deutschen' Tomatensalat, aber ein guter Schuss Olivenöl gehört schon dazu – jetzt nehmen wir natürlich italienisches.

Was Zwiebeln angeht, kann man unterschiedlicher Meinung sein: Ein paar dünn aufgeschnittene Zwiebelringe passen optisch wie geschmacklich eigentlich ganz gut. Der ‚Klassiker' kommt allerdings wohl ohne Zwiebeln aus.

Was den Capri-Geschmack (und Duft) ausmacht, ist das Basilikum! Nehmen Sie möglichst frische Basilikumblättchen, die Sie nicht zu sehr zerrupft über Ihre Insalata verteilen.

Leider müssen wir meistens immer wieder neu ein Töpfchen Basilikum kaufen, weil es uns fast nie richtig gelingt, das Basilikum im Garten weiter zu ziehen. Es sollte bei gutem Basilikum aber im Prinzip möglich sein, am besten in einen größeren Topf umgetopft.

Zwei kleine Töpfchen nebeneinander sehen hier im Freien noch relativ üppig aus…

…aber auch, wie hier auf Ischia, im Tontopf

Fahren wir vom Golf von Neapel wieder ein ganzes Stück nach Norden, treffen wir an der französischen Riviera auf einen Salat, der seinen Namen, wie der Capri-Salat, ebenfalls einem Ortsnamen verdankt, auf den *Nizza-Salat*, die *Salade Nicoise* (auch im Französischen ist *salade* ein Femininum, genau wie ‚die' *insalata* im Italienischen).

Aber bleiben wir noch einen Augenblick in Italien und machen schnell noch einen ganz einfachen italienischen Salat, bevor wir nach Frankreich kommen: eine *insalata italiana* (mit gekochtem Schinken und Käse).

Italienischer Salat mit Käse und Schinken

Hier ist wirklich nicht viel zuzubereiten, denn unser italienischer Salat erhält kein aufwendiges Dressing. Im italienischen Restaurant wird normalerweise Essig und Öl, Salz und Pfeffer zu Ihrem Salat auf den Tisch gestellt und Sie machen damit Ihren Salat selbst an, ganz so wie Sie möchten.

Wir benötigen für unsere Insalata lediglich einen frischen Kopfsalat, den wir etwas klein zupfen und locker in eine Salatschüssel (für mehrere Personen) oder in einer kleineren Portion (für eine Person) in einen großen Salatteller geben. Wir schneiden ein Stück Gouda (jung oder mittelalt) in relativ dünne, etwa daumenlange Streifen und geben sie locker über den Salat.

Genauso machen wir es mit ein zwei bis drei Scheiben gekochtem Schinken, wenn Sie wollen, gern natürlich auch einen italienischen *prosciutto cotto*. Einen eventuell vorhandenen Fettrand sollten Sie vorher entfernen.

Wenn Sie Käse- und Schinkenstreifen untergehoben haben, geben Sie noch eine in dünne Ringe geschnittene Zwiebel obendrauf – und fertig. Natürlich können Sie für deutsche Bedürfnisse den Salat auch schon vor dem Servieren mit Essig und Öl anmachen. Ich würde hier zum Beispiel weißen Balsamico nehmen und italienisches, kalt gepresstes natives Olivenöl. Je nach Geschmack brauchen wir noch ein wenig Salz und relativ groben, frisch gemahlenen (schwarzen) Pfeffer.

Wenn Sie auf Oliven nicht verzichten wollen, können Sie auch auf diesen Salat ruhig ein paar grüne oder schwarze (möglichst kleine) Oliven geben.

Seien Sie nicht enttäuscht, wenn der eine oder andere Gast solchem „Grünfutter“ nicht sonderlich zugetan ist. Manche vermissen in der

Tat das klassische Salatsößchen, am besten mit einem fein geschnittenen Zwiebelchen, Essig, Öl und Sahne würzig angerührt. Ich mag durchaus den ‚rohen' italienischen Salat, aber dem Salatsößchen, wie es meine Frau zubereitet, kann niemand widerstehen – ich natürlich am allerwenigsten. (Auch die Vinaigretten aus der Historischen Senfmühle in Monschau, die ab S. 105 vorgestellt werden, können Sie dazu ausprobieren.) – Dann probieren Sie Ihr spezielles Sößchen mit einem Teelöffel, bevor Sie es über den Salat geben – einfach köstlich!

Gehen wir noch ein Stück weit in die kreativere Küche, der gerade bei Salat-Variationen kaum Grenzen gesetzt sind.

Wie wäre es zum Beispiel mit einer Kombination von Birne und Avocado?

Birne-Avocado-Salat

Eine Zeit lang habe ich diesen Salat regelmäßig fast jede Woche gemacht. Aber jetzt muss ich mich schon anstrengen, mich daran zu erinnern, was wir dazu alles brauchen.

Der Salat wird am besten für jeden Gast auf einem eigenen (nicht zu großen) Teller angerichtet. Wir brauchen pro Person eine nicht zu weiche Birne, die wir halbieren, schälen und entkernen. Jede Hälfte schneiden wir in nicht zu dicke Scheiben und verteilen diese auf dem Teller. Zwischen die Birnenscheiben kommt die nach dem Schälen ebenfalls in Scheiben geschnittene Avocado. Die Avocado sollte durchgereift sein, aber auch nicht zu weich, sonst können wir nur noch Avocado-Creme daraus machen.

Wenn jetzt alles schön auf dem Teller liegt, Avocados und Birnen sich abwechseln, hobeln wir noch etwas Parmesan-Käse (so dünn wie möglich!) und geben diesen auf Birnen und

Avocados. Schließlich streuen wir noch ein bis zwei Esslöffel Pinienkerne darüber, und geben, je nach Geschmack, noch ein wenig Salz und (grob gemahlenen) schwarzen Pfeffer dazu.

Man könnte es auch mit ein paar Tropfen Balsamico (weiß) versuchen, aber ich meine, wir sollten zum Säuern lieber etwas Limetten-Saft nehmen, den wir frisch auspressen. Dann geben Sie noch etwas Olivenöl darüber und Sie werden erstaunt sein, wie sowohl der feine Birnen- und Avocado-Geschmack, wie auch der Pinien- und Parmesan-Geschmack frisch-appetitlich harmonieren.

Farblich dominiert das zarte Grün der Avocado-Scheiben, während Pinienkerne, Parmesan und Birnen leider etwas farblos wirken. Vielleicht setzt der schwarze Pfeffer, wenn Sie ihn wirklich grob mahlen, noch einen kleinen Farbakzent.

Salade Nicoise

Was alles als Nizza-Salat präsentiert wird, zeigt die Vielfalt an Möglichkeiten, diesen Salat zu interpretieren, z.B. als Blattsalat oder als Paprika-Tomaten-Salat. Jedenfalls ist es zweifelsohne ein ‚Salat'.

Wie Sie Ihre Kreation nachher benennen wollen, bleibt letzten Endes Ihnen überlassen; wenn jemand meint, dies oder das sei keine *Salade Nicoise*, mag er ja vielleicht Recht haben, das Wichtigste sollte aber wohl sein, dass der Salat uns schmeckt und auch, dass wir ihn durchaus kreativ abwandeln können.

Ich bin mir nicht einmal sicher, was die unverzichtbaren Grundbestandteile dieses Salates sein sollen: der Thunfisch, die Sardellen, die kleinen Nizza-Oliven? Jetzt habe ich gerade ein Rezept gesehen mit Kartoffeln und Böhnchen...

Wie dem auch sei, ich schlage Ihnen zwei Varianten vor: die eine auf der Basis von Kopfsalat, die andere auf der Basis von roter Paprika.

Mit nicht zu klein gezupftem Kopfsalat machen wir als Basis einen einfachen Salat, der durch folgende Zutaten zu einer *Salade Nicoise* werden kann: eine Dose Thunfischfilets (im eigenen Saft, ohne Öl) unterheben, jedoch nicht zu sehr zerbröckeln; eine Handvoll kleiner schwarzer Nizza-Oliven (wenn Sie sie bekommen können) dazugeben, alles mit etwas Essig und gutem Olivenöl kurz unterheben - und (fast) fertig.

Wir können noch ein paar Zwiebelringe dazugeben und dann legen wir natürlich noch fünf bis sechs Sardellenfilets auf den fertigen Salat, eventuell auch in kleinere Stückchen geschnitten. Wenn Ihnen die Sardellenfilets zu salzig sind, waschen Sie sie vorher ab, trocknen sie aber anschließend wieder mit Küchenrollen-Papier ab, damit wir unseren Salat nicht ‚verwässern'.

Die zweite Variante ist eher ein Paprika- oder ein Paprika-Tomaten-Salat: Sie schneiden ein oder zwei rote Paprika klein (möglichst fein) und geben, wenn Sie wollen, noch eine große gewürfelte Tomate dazu. Salzen, pfeffern, Thunfisch und kleine Oliven dazu, mit etwas Essig und Öl alles abschmecken und fertig.

Wir haben jetzt schon eine ganze Bandbreite von Salat-Variationen kennen gelernt: vom *Griechischen Bauernsalat* über die *Insalata Caprese* zu einem schlichten *italienischen Salat* mit Käse und Schinken, zur *Salade Nicoise* und einer kreativen *Birne-Avocado-Kombination*.

Das sollte erst einmal an Salaten reichen, denn ich möchte Ihnen über die *‚Datteln in Speck‘* hinaus noch ein paar weitere typische spanische Tapas vorstellen.

Albóndigas (Fleichklösschen)

Was uns als klassische Hausmannskost die Frikadellen sind, was dem Berliner seine ‚Buletten' oder dem Österreicher die ‚Fleischpflanzerl' sind, sind in der spanischen Tapas-Küche die ein wenig kleineren *Albóndigas*: ‚Fleichklösschen', wie man es zu übersetzen versucht, was aber auch nicht viel besser ist als die ominösen ‚kleinen Fischchen', die ich einmal als Übersetzung für *‚boquerones'* gefunden habe. Lernen Sie einfach ein klein wenig Spanisch und betonen richtig mit dem Akzent auf dem offenen *ó*.

Die Herstellung ist genauso einfach wie die von Frikadellen: Ein paar andere Gewürze und vor allen Dingen, ganz passend zu unserer neuen Häppchen-Kultur, machen Sie kleine (!) Bällchen, allenfalls so groß wie ein Golfball und auf keinen Fall so groß wie ein Tennisball.

Wenn Sie es nicht selbst durch den Fleischwolf drehen wollen, kaufen Sie frisch beim Metzger je ein Pfund Rinder- und Schweine-Gehacktes und etwa 200gr durchwachsenen Speck, der auch durch den Fleischwolf muss. Genau wie bei unseren Frikadellen haben wir vorher ein Brötchen in etwas Milch eingeweicht, drücken das Brötchen jetzt aus und verkneten es mit dem Hackfleisch.

Eine Besonderheit bei den *Albóndigas* ist nun, dass wir mit einkneten: 100gr gemahlene Mandeln und zwei hartgekochte Eigelb und das Ganze mit drei frischen, durch die Knoblauchpresse gedrückten Knoblauchzehen würzen und mit Salz, Pfeffer, etwas Muskat, Petersilie und einem Schuss trockenen Weißwein abschmecken.

Jetzt können wir aus der nochmals gut verkneteten Masse die kleinen Fleischbällchen formen (Hände etwas anfeuchten!) und diese in etwas Mehl wenden.

Soweit fertig vorbereitet, legen wir die Bällchen in eine Pfanne mit heißem Öl und braten sie unter mehrmaligem Wenden rund herum gut an. (Ohne Soße müssten Sie die Bällchen jetzt noch weiter garen; das geschieht sonst in der Soße)

Wenn Sie ohnehin mit Messer und Gabel essen möchten (ohne Soße würden auch kleine Holz-Spießchen reichen), können wir die *Albóndigas* auch echt spanisch in einer Soße servieren.

Möchten Sie also noch ein Sößchen machen, nehmen wir die *Albóndigas* aus der Pfanne und dünsten in dem verbliebenen Öl eine feingehackte Gemüsezwiebel an und geben drei bis vier Tomaten, ebenfalls klein geschnitten, dazu.

Auf ‚spanische Art' sollte die Tomate allerdings enthäutet und entkernt sein. Dazu stechen Sie jede Tomate drei bis vier Mal mit dem Messer ein und legen sie kurz in kochendes Wasser. Wirklich nur kurz, sonst wird sie matschig! Dann können Sie, wenn die Tomaten etwas abgekühlt sind, mit einem Küchenmesser von den Einstichstellen aus die Haut abziehen, die Tomaten aufschneiden und die Kerne entfernen.

Wir würzen unser Sößchen mit einer Tasse Fleischbrühe, etwa einer halben Tasse Weißwein, einem Teelöffel Zucker, Salz, Pfeffer und etwas gehackter Petersilie und lassen alles bis zur gewünschten Konsistenz in der Pfanne einkochen. Dann geben wir die warmgehaltenen *Albóndigas* wieder hinein und lassen das Ganze mit Deckel noch etwa 10- 15 Minuten garen. Wir müssen dabei allerdings ein wenig aufpassen, dass unsere *Albóndigas* in der nicht mehr ganz flüssigen Sauce nicht anbrennen: Also öfter mal umrühren!

Wie es sich für Tapas gehört, servieren wir die *Albóndigas* in fertigen Portionen (3-4 Stück in Sauce) in kleinen runden oder ovalen Schälchen mit einem etwas höheren Rand.

Mit Sauce zubereitet und serviert, wird es dann allerdings etwas schwierig, diese Tapa im Stehen zu genießen. Es mag an Stehtischen gehen, aber schöner finde ich es, wenn wir hierzu gemeinsam am Tisch sitzen. Na ja, wenn Sie kein Catering haben, das die *Albóndigas* nachlegt, müssen Sie vielleicht ab und zu aufstehen und noch einmal etwas aus der Pfanne holen, denn die *Albóndigas* sind wirklich eine kleine Köstlichkeit...

Was wir jetzt noch machen sollten und was wirklich satt macht: eine echte *Tortilla*, also eine spanische Kartoffel-Torte, eine Art Bauern-Omelette, das aber doch eher die Höhe einer Torte hat. Jede Übersetzung ist heikel, also schlage ich auch hier wiederum vor, es beim Spanischen zu belassen: *Tortilla espagnola* [torti:ja].

Tortilla Espagnola (con calabacín, mit Zucchini)

Die Anregung, die Tortilla mit Zucchini zuzubereiten, habe ich aus einem winzigen Büchlein, das wir gerade von Teneriffa mitgebracht haben („MOJOS & TAPAS CANARIAS“ von Beate Timm). Während uns das ursprünglich italienische Wort *Zucchini* (deshalb auch die ital. Aussprache mit [*ki]* für *cchi* [*Sukini*]; bitte sagen Sie nicht [*Zutschini*], weil Sie ja auch nicht [*schiant*i] sagen, sondern korrekt italienisch [*kianti*], auch wenn sie ihn in einem deutschen Restaurant bestellen) auch im Deutschen durchaus vertraut ist, hatte ich tatsächlich keine Ahnung, was *calabacín* eigentlich sind. Zucchini also!

Wir brauchen tatsächlich nur Kartoffeln (etwa ein Pfund), die wir schälen und in Scheiben schneiden. Das Gleiche machen wir mit den Zucchini (ungeschält), von denen etwa halb so viel brauchen. Des Weiteren schneiden wir noch eine große Zwiebel klein, ob in Ringe oder Würfel bleibt Ihnen überlassen. Schließlich verquirlen wir noch sechs Eier, die wir mit etwas Salz und Pfeffer würzen.

Beim Ausbacken der Tortilla in einer Pfanne mit Deckel besteht die einzige Schwierigkeit darin, die Tortilla zu wenden, ohne dass alles auseinanderbricht.

Die Kartoffel- und Zucchinischeiben wie auch die Zwiebeln müssen allerdings noch vorgebraten werden (getrennt in der Pfanne). Dann verrühren wir alles mit den Eiern, geben die Masse in eine Pfanne mit erhitztem Öl und glätten sie soweit, dass wir die für die Tortilla gewünschte Höhe erhalten. – Das Ganze lassen wir nun bei nicht zu großer Hitze ein paar Minuten anbraten (nicht anbrennen lassen!).

Um die Tortilla auch von der anderen Seite (jetzt die Oberseite) noch etwas braten zu lassen (wiederum nur wenige Minuten), müssen wir es schaffen, sie in der Pfanne umzudrehen, was nicht ganz einfach ist, da es sich ja praktisch um einen pfannengroßen Kuchen mit 26cm Durchmesser handelt.

Wir könnten die Tortilla eventuell schon halbieren oder sogar vierteln und die einzelnen Stücke mit einem relativ breiten Wender umzudrehen versuchen, aber ich befürchte, dass dabei die Tortilla-Stücke auseinanderlaufen, weil das Ei die relativ schweren Kartoffelscheiben vielleicht noch nicht hält.

Wagen Sie also das Experiment, die Tortilla im Ganzen zu wenden, was im Prinzip genauso funktioniert wie bei einer Crèpe oder einem Pfannkuchen: Ölen Sie den Pfannendeckel etwas ein, lassen die Tortilla aus der Pfanne darauf gleiten, legen einen großen Teller darauf und drehen das ganze um, so dass die Tortilla nun umgedreht auf dem Teller zu liegen kommt. Von dort können Sie sie wieder in die Pfanne gleiten lassen und fertig braten.

Geben Sie die fertige Tortilla auf einen großen flachen Teller und schneiden Sie sie, wenn sie etwas abgekühlt, aber noch warm ist, in größere oder kleinere Stücke, so wie Sie sich eine angemessene Tapas-Größe vorstellen, egal ob die Stücke quadratisch oder in der Form von Tortenstücken geschnitten werden und servieren Sie diese auf nicht allzu großen Tellern.

Auch wenn man die Versuchung spürt, die kleinen mundgerechten Stücken mit den Fingern in den Mund zu führen (was durchaus möglich ist, wenn die Konsistenz stimmt), dürfen Sie für Ihre Gäste ruhig ein paar kleine Tellerchen bereitstellen und ein paar Gäbelchen dazulegen.

Wenn Sie alles schon vorher fertig haben möchten, kann die Tortilla zwar auch kalt gegessen werden, aber, warm schmeckt sie zumindest mir viel besser!

Und jetzt möchte ich Sie mit ein paar Anregungen gern ermuntern, warm und kalt einmal zu kombinieren.

Salat-Variation mit Zucchini

Wir bereiten tellerweise einen kleinen Salat aus verschiedenen Blattsalaten vor, dekoriert mit ein paar halbierten weißen Trauben und drei oder vier Tupfern Ziegenfrischkäse, sowie ein paar ebenfalls halbierten Kirschtomaten.

Dann schneiden wir eine ungeschälte Zucchini, deren Enden wir abgeschnitten haben längs in Streifen oder Scheiben, wie Sie wollen, nicht zu dünn, aber auch nicht zu dick. Dafür bekommen Sie schnell ein Gefühl, wenn Sie einmal darauf achten, wie sich dickere und dünnerer Streifen beim Braten in der Pfanne verhalten.

Braten Sie die Streifen, leicht gesalzen, bei guter Hitze von beiden Seiten solange, bis sie gerade weich werden und gut gebräunt sind. Das sieht schon in der Pfanne sehr appetitlich aus; angerichtet wie auf dem unteren Foto.

Die Zucchini warm, in Streifen oder Würfeln; Salat und Tomaten kalt

Sie können die Salatgrundlage gern nach Ihren Vorstellungen variieren. Man kann einfachen Blattsalat nehmen, frischen Zupfsalat im Frühjahr, aber genauso auch Eisberg-Salat.

Bleibt noch die Frage nach einem geeigneten Dressing, das hier nach meinen Vorlieben beispielsweise eine relativ dickflüssige Honig-Senf-Mischung mit ein wenig Balsamico-Essig und Olivenöl sein könnte.

Verrühren Sie das Dressing nicht, sondern legen es wie ein feines Gitter über den fertig angerichteten Salat (siehe auch *Vinaigretten und mehr*).

Gebratene Zucchini mit Ziegenkäse

Schauen Sie sich das Foto an: Sie sehen, dieses Häppchen ist wirklich ganz schlicht und deshalb auch ganz einfach zuzubereiten.

Die gebratenen Zucchini-Streifen, mit und ohne Ziegenkäse, eingerollter Ziegenkäse, Lachsschinken und spanische Salami

Wir schneiden die halbierten Zucchini längs in Streifen und braten sie in der Pfanne mit reichlich Olivenöl; Salz und Pfeffer dazu, einmal gewendet, bis sie auf beiden Seiten gut gebräunt sind. Dann sind sie auch so butterweich, dass sie gut zu kleinen Röllchen geformt werden können, gefüllt mit jeweils einem Teelöffel Ziegenkäse.

Sie können die Zucchini natürlich auch ungerollt belassen und mit oder ohne Ziegenkäse servieren. Als Beilage können Sie, wenn die Gäste etwas größeren Hunger haben, ein oder zwei Schnittchen dazulegen (hier z.B. mit rohem Schinken und einer spanischen Salami) und gern auch noch etwas grob gemahlenen Pfeffer aus der Mühle darüber geben.

Bereits bei solchen Kleinigkeiten kann man unterschiedliche Akzente setzen und das Häppchen eher spanisch, italienisch oder griechisch auslegen.

...in einer kleinen Bar in Garachico (Teneriffa)

Vinaigretten und mehr

Zurück in der Heimat stelle ich Ihnen an dieser Stelle noch drei Salat-Sößchen (*Vinaigretten*) vor, die mir Ruth Breuer aus der Historischen Senfmühle in Monschau (Eifel) freundlicherweise zur Verfügung gestellt hat.

Eine *Vinaigrette* wird in der Regel mit Essig, Öl, Senf und Gewürzen zubereitet.

Vinaigrette mit Honig-Mohn-Senf

Die Zubereitung ist relativ einfach. Wir müssen lediglich vorher eine große Kartoffel kochen und etwas fein gewürfelten Speck und Zwiebelchen anbraten.

Für die Vinaigrette vermischen wir zunächst drei Esslöffel *Honig-Mohn-Senf* mit einem gestrichenen Esslöffel Salz und einem bis anderthalb Esslöffel Zucker, etwas gemahlenem Pfeffer sowie einer fein gehackten Knoblauchzehe mit etwa zwei Esslöffel Essig. Ruth Breuer nimmt wohl am liebsten einen feinen Sherry-Essig. Dann geben wir nach und nach zwei bis drei Esslöffel Olivenöl dazu und rühren das Öl mit der Gabel gut unter. Erst zum Schluss reiben wir die (gekochte) Kartoffel in die Vinaigrette und heben Speck und Zwiebelchen vorsichtig unter.

Senfbutter

Wahrscheinlich kennen Sie eher Knoblauchbutter oder Kräuterbutter. Aus der Küche der Senfmühle bekommen wir natürlich eine Senfbutter.

Als Senf nimmt man dort z.B. einen Wildkräuter-Bärlauch-Senf (zwei Esslöffel reichen aus). Dann brauchen wir ein halbes Pfund weicher Butter, etwas Paprika- und Curry-Pulver sowie Salz und Pfeffer. Wenn Sie jahreszeitlich frischen Bärlauch bekommen, können Sie noch ein paar feingeschnittene Bärlauchblätter dazugeben.

Alles gut miteinander vermischt bzw. in die Butter geknetet, bekommen Sie in wenigen Minuten eine köstliche Senfbutter, die Sie vielleicht noch etwas kaltstellen müssen, wenn die Butter beim Kneten zu weich geworden sein sollte.

Senf-Guacamole

Eine *Guacamole* ist eine mexikanische Avocadocreme-Zubereitung, wenn man so will, eine Avocadosoße, die man natürlich auch mit Senf zubereiten kann... Wie sollte es anders sein, wenn man eine Historische Senfmühle in Monschau in der nördlichen Eifel betreibt.

Die Avocado, die wir brauchen, sollte wirklich reif sein, damit wir das Fruchtfleisch gut mit einer Gabel zerdrücken und cremig schlagen können. Erst wenn wir die Avocadocreme fertig haben, geben wir zwei feingehackte Knoblauchzehen und ein winziges Stückchen von der Chilischote sowie einen Teelöffel Olivenöl dazu.

Als Senf schlägt Ruth Breuer einen Limonen- bzw. Limetten-Senf vor, von dem wir etwa anderthalb Teelöffel mit der Avocadocreme vermischen. Abgeschmeckt wird mit je einer Prise Zucker, Salz und Pfeffer.

So erhalten wir eine wunderbare regionale Senf-Variante einer mexikanischen Avocadozubereitung: eine Guacamole aus der nördlichen Eifel.

Bei all den spanischen Tapas-Anklängen, die unser kleines Häppchen-Büchlein enthält, hat es mich besonders gefreut, dass wir unter den Senf-Rezepten auch eine *Senf-Mojo* finden.

Senf-Mojo

Wie Beate Timm in dem bereits erwähnten kleinen Rezept-Büchlein *„Mojos & Tapas Canarias"* zu Recht beklagt, scheint die Vielfalt der Mojo-Soßen, wie sie die kanarische Küche ursprünglich kennt, in der touristisch überformten Küche weitestgehend auf rote und grüne Mojo-Soße reduziert worden zu sein.

Diese beiden Varianten bekommen Sie dann aber oft unaufgefordert und kostenlos zu vielerlei Gerichten, zu denen sie allerdings mehr oder weniger gut passen.

Traditionell gehören die Mojo-Soßen zu den sog. ‚Runzelkartoffeln', den *papas arrugadas*, die einfach in der Schale, wie unsere ‚Pellkartoffeln', gekocht werden, allerdings mit gut zwei Handvoll Meersalz.

Weniger passend fand ich die beiden Mojos zu meinen *boquerones* in Los Christianos auf Teneriffa, aber dort gehörten sie wahrscheinlich eher zum vorab servierten Brot.

Wieder zuhause, probieren wir die Senf-Mojo, wie sie von der Historischen Senfmühle in Monschau vorgeschlagen wird:

Wir schneiden drei rote, entkernte Paprika klein, zerkleinern zwei Tomaten und hacken drei Knoblauchzehen klein. Zum Würzen geben wir etwas Safran (0,1 g) und natürlich zwei Esslöffel Chilisenf dazu, damit es auch wirklich eine Senf-Mojo wird.

Zum Schluss, wenn alles gut vermischt ist, geben wir langsam unter Rühren eine kleine

Tasse Olivenöl dazu – und fertig ist unsere regionale Eifel-Variante der Mojo-Soße, die Sie sicherlich auch einmal in der Historischen Senfmühle in Monschau (Eifel) probieren können.

Die Vielfalt der Mojo-Soßen kennt, wenn wir über das schlichte Paar ‚rot' oder ‚grün' einmal hinausgekommen sind, keine Grenzen.

Das Spektrum reicht von einer ‚Petersilien-Mojo' (*mojo de perejil*) über eine ‚Avocado-Mojo' bis zu einer ‚Orangen-Mojo' (*mojo de naranjas*) oder einer *mojo de queso,* einer ‚Käse-Mojo'.

Spaghetti mit Knoblauch und Olivenöl

Wenn Sie gelegentlich nicht nur Häppchen ‚zubereiten', sondern einmal (ohne Kartoffeln) richtig ‚kochen' möchten, dann empfehle ich Ihnen, auf die einfachste italienische Art eine Handvoll Spaghetti zu kochen. Während die Spaghetti kochen, könnten Sie sich überlegen, warum das Wort eigentlich mit *-gh-* geschrieben wird.

Besser noch: Wir passen auf, dass die Spaghetti nicht überkochen oder zu weich werden, also *al dente* bleiben, noch etwas ‚Biss haben'. Wer diesen ‚Biss' nicht besonders mag, darf die Spaghetti natürlich auch gern etwas weicher kochen…

Im ‚klassischen' italienischen Pasta-Gang ohne Schnickschnack servieren die Italiener, wie beispielsweise in einem relativ einfachen Hotel in Abano Terme, südlich von Padova (Padua), die Spaghetti in Olivenöl, das mit leicht angerösteten dünnen Knoblauchscheibchen, eventuell noch mit einer feingeschnittenen Peperoni, Würze bzw. Schärfe bekommt.

Bereits seit einigen Jahren ‚darf' ich diese Spaghetti-Variante jeden Dienstag (oder jeden zweiten) zubereiten, was ich aber nur dann mache, wenn man Frau dazu einen Salat mit ihrer unnachahmlichen Salatsoße (mit Sahne!) serviert.

Natürlich ist eine ordentliche Tomatensoße auch nicht falsch und wenn es sein muss, kann man sogar eine richtige Ratatouille-Soße dazu machen: mit frischen Tomaten und etwas Tomatenmark, fein geschnittenen Zucchini und einer Aubergine, Zwiebeln, Knoblauch, Thymian und etwas Rosmarin.

Dabei kombinieren wir ein wenig italienische und französische Küche, wobei ein echtes französisches Ratatouille, wie ich von einer Französisch-Lehrerin aus Béziers weiß, allerdings möglichst ein bis zwei Tage bruzzeln sollte, bis alle Flüssigkeit verkocht und das Gemüse fast breiig gekocht ist, aber interessanterweise auch eine kräftige Würze zurückbekommen hat. Als Spaghetti-Soße wäre es dann allerdings nicht mehr unbedingt zu empfehlen.

Nach Belieben reiben wir noch ein wenig Parmesan für diejenigen, die die Pasta gern mit geriebenem Käse essen. Beim gemeinsamen Mittagstisch oder Abendessen im Hotel wird das Käseschälchen vom italienischen Kellner gern von dem einen Tisch weggenommen und auf den nächsten Tisch gestellt. Bedienen Sie sich also zügig mit Käse oder fragen Sie einfach am Nachbartisch, ob Sie den Käse noch einmal haben könnten: *formaggio, per favore?*

So einfach gekocht, Käse dazu, und was möchten Sie trinken? Ein Gläschen italienischer Rotwein, vielleicht ein Chianti oder ein Barbera d'Asti, wäre durchaus auch schon am Mittag ganz passend. Sie nehmen schließlich noch einen kleinen Espresso zur Verdauung, verzichten mittags aber auf die Grappa... Oder vielleicht doch nicht?

Maultaschen – ‚Pasta' einmal anders

Was auch schnell wie ein Häppchen zuzubereiten ist, wozu wir aber noch einmal eine Pfanne benötigen, sind die klassischen *Schwäbischen Maultaschen,* die wir nicht selbst herstellen müssen, sondern durchaus auch im Supermarkt kaufen können. Packungen mit sechs bis acht Stück reichen für zwei Personen.

Neuerdings nehme ich wieder lieber die Maultaschen mit Fleischfüllung, die mit Gemüsefüllung stellen jedoch eine gute Alternative für Vegetarier dar.

Was wollen wir aus den Maultaschen machen?

Zum einen können wir sie einfach wie Tortellini oder Tortelloni in Salzwasser kochen. Schließlich handelt es sich, wenn auch ganz anders als die Schwäbischen Spätzle, auch um Teigwaren, aber eben mit Fleisch- oder Gemüsefüllungen.

Wenn wir eine Gemüsebrühe machen, passen die Maultaschen auch gut hinein und schon haben Sie ein appetitliches Süppchen zubereitet. Etwas störend finde es manchmal, die relativ großen Taschen in der Suppe mit dem Löffel zerteilen zu müssen. Natürlich möglichst ohne dass dabei die Suppe überschwappt.

Wenn Sie die Peinlichkeit Ihren Gästen ersparen möchten, zerteilen Sie die Maultaschen, bevor Sie diese in die Brühe geben. Die Italiener haben es da mit ihren *‚Tortellini in brodo'* einfacher, denn die passen gut auf einen Löffel.

Zum anderen kann man, was ich fast immer der Suppen-Lösung vorziehe, die Maultaschen in eine Pfanne geben und in verschiedenen Varianten in Öl anbraten.

Dazu schneide ich die quadratischen Maultaschen in drei bis vier dickere Streifen und lege diese mit der Schnittfläche in das relativ heiße Öl (nach einiger Zeit einmal wenden). Auf diese Weise knusprig gebraten, kann man die Maultaschen bereits ohne weitere Beilagen auf dem Teller servieren.

Ich möchte Ihnen allerdings lieber ein oder zwei Verfeinerungsmöglichkeiten nahelegen, wobei Sie mit einem kleinen Schuss chinesischer oder japanischer Soja-Soße bei den Maultaschen, wenn Sie möchten, auch einen asiatischen Akzent setzen können.

Was könnte als Gemüse zu unseren Maultaschen passen? Wenn es Ihnen mit Soja-Sprossen nicht zu asiatisch werden soll, probieren Sie es mal mit fein geschnittener grüner

Paprika, die Sie zusammen mit den Maultaschen-Streifen in der Pfanne garen.

Auch Champignons könnten als Gemüse passen. Und wenn Sie wollen, können Sie das Ganze mit ein oder zwei geschlagenen Eiern zu einer Art Maultaschen-Omelette verbinden.

***

Als frisch gebackener Häppchen-Spezialist sind Sie jetzt nicht nur in der Lage, weitgehend ohne Rezept zu ‚kochen', sondern Sie können auch versuchen, selbstständig Rezepte oder komplette Menu-Abfolgen zu ‚erfinden'.

Sie werden das mindestens beim zweiten Versuch wirklich gut hinbekommen.

Menu-Vorschläge

Meine Frau Marita hat diese Menus als Weihnachts- oder Ostermenus zubereitet und dabei versucht, insbesondere den Wünschen von Kindern und Kindeskindern nach bodenständiger regionaler Küche, um nicht zu sagen, nach ‚Hausmannskost', gerecht zu werden.

Unterdessen habe ich, wie schon erwähnt, zu solchen doch etwas feierlicheren Anlässen die Karte zu schreiben versucht.

Und Sie, verehrte Leserinnen und Leser können natürlich gern noch klangvollere Bezeichnungen für die einzelnen Speisen zu erfinden versuchen, jenseits von *in*, *an* und *auf* oder schlichtem *mit*.

Und wenn wir als Männer manchmal in der Küche ohnehin eher als störend empfunden werden, dann dekantieren wir einfach schon einmal den Wein und schauen, dass die richtigen Gläser auf dem Tisch stehen...

Menu I

Kraftbrühe mit Maultaschen und Markklößchen

☆

Kaninchen aus der Rhön

Sauerbraten auf Westfälische Art

☆

Heiße Himbeeren an Vanilleeis

Menu II

Sekt mit Weinbergpfirsich-Likör

☆

Warmer Ziegenkäse
mit Datteln in Speck
an Rucola-Salat (Rauke)
mit geraspeltem Parmesan

☆

Hähnchenbrustfilet mit Pinien-
honig an Rosinen-Lauch
und Rosmarin-Kartöffelchen

☆

Parmiggiano und Chaumes
mit blauen Trauben

Menu III

Insalata Caprese
Kressecreme-Süppchen
☆
Rinderrouladen „Mittelrhein“
an feinen Erbsen und
geschmorten Möhrchen

Lammkeule „Provence“ auf
Karotten-Zucchini-Gemüse

Schwäbische Spätzle
Klöße halb & halb
☆
Tiramisu à la Marita
☆
Espresso Corretto

Menu IV

Rotkäppchen-Sekt

☆

Feldsalat an Hong-Senf-Vinaigrette

☆

Scholle an Pesto-Sößchen

Petersilien-Kartoffeln

*

Mousse au Chocolat

☆

Espresso Cortado
Bristol Harveys Cream Sherry

...und zum Abschluss vielleicht eine Kokosmilch aus Sri Lanka?

So serviert an der Poolbar im Hotel Lanka Princess

Register

Danksagung

Für die vielen Anregungen zu den Rezepten und für die ‚küchentechnischen‘ Hinweise danke ich ganz besonders meiner Frau, Marita Germerodt.

Für die Vinaigrette-Rezepte danke ich Ruth Breuer von der Historischen Senfmühle in Monschau (Eifel).

Unser erster Versuch, eine ‚Kräuterspirale‘ anzulegen (v.l.n.r.: Bohnenkraut, Zitronenmelisse, Salbei, Oregano und Thymian)

Literaturhinweise

Von den zahlreichen kleineren und größeren Kochbüchern, die ich eingesehen habe, seien besonders erwähnt:

Gietzen, Maria (Hg.): *Mosel TAPAS.* Ingel heim: Leinpfad Verlag, 2015.

Timm, Beate: *Mojos & Tapas Canarias.* Mácher, Lanzarote: Beate Timm, o.J.

Truttner, Marion et al.: *SPANIEN. Spezialitätenküche.* Königswinter: Tandem Verlag, o.J.

…auf Ischia und zuhause (in der Kräuterspirale)

Verehrte Leserinnen und Leser,

wir hoffen, dass wir Ihnen die eine oder andere Anregung geben konnten und verabschieden uns in der Hoffnung, dass Ihnen die Lektüre diesen kleinen Büchleins Freude bereitet hat, auch wenn Sie nur ausgewählte Seiten daraus gelesen haben.

Nun sollten Sie mit der gleichen Freude die kleine ‚handwerkliche' Herausforderung annehmen und gleich in diesem Sommer mit der Zubereitung einiger Häppchen für Ihre Gäste beginnen.

Aber auch wenn Sie einmal einen gemütlichen Abend allein zuhause verbringen, ist die Zubereitung Ihres Lieblingshäppchens durchaus angebracht.

‚Üben' müssen Sie nicht, denn es klappt immer. Und wenn Sie ein wenig ‚experimentieren' und kreativ werden möchten, wünsche ich Ihnen, dass Ihnen alles wieder einmal richtig gut gelingt und Sie eine ganz neue Überraschung für Ihre Gäste kreiert haben!

Ihr
Bernd Ulrich Biere

Fotonachweis

Das Foto auf S. 99 hat meine Frau aufgenommen; alle übrigen Fotos in diesem Büchlein habe ich selbst aufgenommen.